Thomas Dittrich

_____

LEAN – Einstieg für Macher

Kleiner Ratgeber für Einsteiger

© 2021 Thomas Dittrich

Verlag und Druck: tredition GmbH, Grindelallee 188, 21044 Hamburg

ISBN-Nummern

978-3-347-25938-6 (Paperback)
978-3-347-25939-3 (Hardcover)
978-3-347-25940-9 (e-Book)

Inhaltsverzeichnis

Soll
Fluss
Ziel   Ist
Idee   Pull
Insel   Preis
Arbeit   Zeit
Schlank   Hilfe
Herstellen   Methode
Werkzeuge   Produkte
Mitarbeiter   Kennzahl
Sauberkeit   Lösungen
Visualisierung Perfektion
Wertstrom Hilfe Verschwendung Ware
Neu Ordnung

LEAN

Beispiele PRODUKTION Kunde

Qualität Informationen UNTERNEHMEN

Effizienz Logistik Exakt Störungsfrei Dienstleistung

Veränderung Abweichung Arbeitsplatz Lager

Ressourcen Aufwand Kreativ Entwicklung Team

Kapitel 1

Einleitung

Und wieder eine neue Methode, die im Unternehmen umgesetzt werden soll. So oder so ähnlich klingt es in vielen Unternehmen. Auch ich habe viele solcher Methoden in meinem Berufsleben kennengelernt. Einige haben sich tatsächlich etablieren können, während andere schnell wieder in Vergessenheit geraten sind. Es gibt zwei Wege, dass dies nicht passiert: Das Unternehmen hält nachhaltig an der Methode fest und integriert diese tatsächlich in den Alltag des Unternehmens. Oder die verantwortliche Führungskraft erkennt genügend positive Aspekte der Methode und integriert diese aus innerer Überzeugung in seinem Verantwortungsbereich. Dabei darf die Methode nicht mit den Vorgaben des Unternehmens kollidieren. So erging es mir mit Lean.

Die Lean-Methoden sind gar nicht so neu. Sie wurden von dem japanischen Unternehmen Toyota ab 1950 entwickelt. Erst viele Jahre beziehungsweise Jahrzehnte später übernahmen auch andere vor allem Autohersteller diese Methoden. Es begann zunächst mit Total-Quality-Management (TQM), Kanban, Kaizen, Total-Productive-Maintenance (TPM) und Poka Yoke. Toyota entwickelte diese Methoden weiter und erreichte damit stabile Prozessorganisationen, die die Grundlage des erreichten Qualitätsniveaus bei Toyota waren. Erst mit der Beschreibung der Methoden in einem Buch, das heute zu den Klassikern gehört, wurde der Begriff Lean-Thinking geprägt. Leider wird der Begriff „Lean" gleich „schlank" häufig missverstanden. Es geht hier nicht um Personalreduzierung, sondern darum Werte ohne Verschwendung zu schaffen.
Die Lean-Methoden werden inzwischen weltweit in nahezu allen Branchen eingesetzt. Sie beziehen sich nicht nur auf Herstellungsprozesse, sondern mittlerweile auch auf Instandhaltung und allgemeine Geschäftsprozesse wie zum Beispiel Administration.

Dieses Buch soll dem geneigten Leser einen ersten Einblick zu Lean und den Anwendungsmöglichkeiten der Lean-Methoden geben. Sicherlich hat hier in Deutschland in den letzten Jahren das Interesse an Lean-Management zugenommen, doch viele scheuen sich mit diesem Thema auseinanderzusetzen, da sie darin eine Mammut-Aufgabe für ihr Unternehmen sehen und aktuell die Schwerpunkte woanders liegen.

Vielleicht ist nach dem Studium dieses kleinen Ratgebers die Einstellung demgegenüber etwas verändert. Letztendlich muss das jeder für sich entscheiden, aber mein Ziel ist es, die Angst vor dem Schreckgespenst Lean zu zerstreuen. Lean muss nicht vollumfänglich im ganzen Unternehmen eingeführt werden. Und es ergeben sich schnelle und nachhaltige Erfolgserlebnisse. Doch halt, alles der Reihe nach. Ich wünsche dem Leser nun viel Vergnügen mit dem Ratgeber zu Lean.

LEICHT
EFFEKTIV
AGIL
NACHHALTIG

© Dittrich

Kapitel 2

_____

Erster Kontakt mit Lean

_____

Der ganz normale Berufsalltag

Der Berufsalltag - wer kennt ihn nicht? Schon auf dem Weg zur Arbeit weißt du genau, was auf dich zukommt. Die Mitarbeiter werden wieder mit ihren alltäglichen Problemen zu dir kommen und zu jeder Zeit eine Lösung von dir erwarten.

Die Routine hat dich schon morgens fest im Griff. Zu Beginn des Arbeitstages werden zunächst die Mails gecheckt und gegebenenfalls sofort Antworten versendet. Und sind wir ehrlich, schon am frühen Morgen hat uns die eine oder andere Mail das erste Mal geärgert. Ein toller Start in den Arbeitstag. Danach schaust du in deine Projekt-Liste und sortierst die Prioritäten deiner Aufgaben und Projekte zum X-ten Mal. Sie verändern sich ständig, da sie regelmäßig durch äußere Einflüsse verändert werden. Doch kaum setzt du dich mit dem ersten Projekt auseinander, stürmt auch schon der erste Mitarbeiter mit einem Problem in dein Büro. Du lässt deine Arbeit ruhen und setzt dich als guter Vorgesetzter bzw. gute Führungskraft mit dem Problem deines Mitarbeiters auseinander. Darüber vergeht so viel Zeit, dass du dich sputen musst den ersten Termin an diesem Tag wahrzunehmen.

Es ist wieder eine solche Besprechung, wie du sie schon öfters erlebt hast. Die Teilnehmer kommen zu spät, sind nicht vorbereitet und schauen erwartungsvoll und ohne Schuldgefühl in die Runde. In dir keimt die Frage auf, warum tue ich mir das jedes Mal an? Warum bereite ich mich jedes Mal vor und die anderen im Team profitieren von deiner Leistung? Welche Möglichkeiten habe ich, dieses zu verändern? Und schlussendlich endet die Besprechung nicht mit dem Ergebnis, dass du dir erwünscht hast. Unzufrieden kehrst du zurück an deinen Arbeitsplatz.

Es vergehen wenige Minuten, da klopft es erneut an deiner Tür. Ein Mitarbeiter berichtet von Problemen in der Produktion. Die Anlage zur Herstellung eines Produktes steht und es wird von Dir eine Entscheidung zur weiteren Vorgehensweise erwartet. Routinemäßig spulst du deine Fragen zur Vertiefung des Sachverhaltes herunter. Doch die Antworten vom Mitarbeiter sind unvorbereitet und es fehlen einfache und simpel abzurufende Informationen. Nach außen bleibst du ruhig und gelassen, doch innerlich bist du am Verzweifeln. Haben deine Mitarbeiter nichts von dir gelernt? Warum können sie nicht die einfachsten Informationen abrufen und dann selber eine Entscheidung treffen? Es kommen Zweifel in dir hoch, ob du deine Mitarbeiter nicht erreicht und es ihnen nicht richtig vermitteln konntest. Dabei lebst du den Mitarbeitern regelmäßig vor, wie solche Themen oder Probleme in der Produktion angegangen werden können.

Gottseidank kommt die Mittagszeit und für einen kurzen Zeitraum wirst du abgelenkt: die Einnahme des Mittagessens ist heilig und in dieser Zeit ruhen die Geschäfte.

Nach dem Mittagessen musst du dich auf den nächsten Termin vorbereiten. Du suchst die entsprechenden von dir vorbereiteten Unterlagen zusammen, gehst in Gedanken den Termin schon einmal durch und formulierst für dich das Ziel dieses Termins. So vorbereitet, begibst du dich zu dem Termin. Einige Teilnehmer kommen auch zu diesem Termin zu spät. Doch diesmal sind es deine eigenen Mitarbeiter, die zu spät kommen. Auf deine Frage, was sie abgehalten hat pünktlich zu erscheinen, bekommst du keine erschöpfende Auskunft. Von der angesetzten Stunde bleibt nur noch knapp eine dreiviertel Stunde übrig. Jetzt heißt es loslegen und die Zeit wieder einholen. Du versuchst deinen Mitarbeitern das Thema und die Dringlichkeit der Bearbeitung näher zu bringen. Trotz deines Hinweises auf den positiven Effekt hinsichtlich Produktivität in der Produktion oder ähnlichem, ziehen deine Mitarbeiter nicht mit. Ausreden über Ausreden musst du dir anhören. Schnell verlässt du den kooperativen Führungsstil und diktierst den Mitarbeitern ihre Aufgabe. Das Feedback nach dieser Sitzung für dich persönlich ist niederschmetternd. Es sind nicht alle Aufgaben zu Ende besprochen, die Mitarbeiter sind demotiviert und auch deine Laune ist mies. Deine Mitarbeiter haben dir zum wiederholten Mal vermittelt, welch stressige Aufgaben sie zusätzlich von anderen Abteilungen erhalten haben und dass sie nur einen kurzen Bearbeitungszeitraum dafür haben. Sie haben die Notwendigkeit deiner Vorgabe zwar eingesehen - aber nur unter Stöhnen und Klagen die Ihnen gestellte Aufgabe übernommen. So richtig böse kannst du deinen Mitarbeitern nicht sein, denn es geht dir ja ähnlich. Von oben, sprich der Geschäftsleitung, kommen auch täglich sich widersprechende neue Aufgaben auf dich zu. Das Thema Jahresziele zum Beispiel ist von oben nicht bearbeitet, obwohl das erste Quartal schon herum ist. Du hast schon seit langem und pünktlich Ziele für deine Mitarbeiter formuliert. Du bist dir sicher, dass diese erneut angepasst werden müssen, wenn die Geschäftsleitung die übergeordneten Ziele bekannt gibt.

Dir geht es also ähnlich wie deinen Mitarbeitern. Am Ende des Tages fragst du dich, habe ich effektiv und effizient meine Aufgabe für das Unternehmen absolviert? An viel zu vielen Tagen ist diese Antwort leider negativ. Trotz allem bemühst du dich jeden Tag ein wenig mehr an einer strukturierten Abarbeitung der Themen. Ein großer Teil deiner Arbeitszeit wird von Terminen belegt und die Mitarbeiter aus der Produktion vor Ort sehen dich als Chef kaum noch. Das missfällt ihnen und sie kommunizieren dies auch. Doch leider bist du gefangen in der Tretmühle des Unternehmens. Da helfen auch keine neuen Ansätze zum Zeitmanagement, keine Reduzierungen der Termine und auch keine Überstunden. Die Analyse ist eigentlich recht einfach: es muss sich etwas Grundsätzliches ändern, aber dies gilt nicht nur für deinen Bereich. Dein Wunsch ist eine Vorgabe von oben zu erhalten, die für die Zukunft einen strukturierten und organisierten Produktionsablauf gewährt. Aktuell ist dies nicht möglich, da an den Schnittstellen zu viele Reibungsverluste entstehen. Die Auffassung über die Steuerung einer Produktion ist zu unterschiedlich. Da stellt sich schon einmal die Frage: macht die Arbeit noch Spaß und vor allem macht sie noch Sinn? In deinem Kopf schwirren unterschiedlichste Lösungsansätze herum. Doch es fehlt an Unterstützung und es fehlt die Lobby. Dies ist ein Zustand, der in vielen Unternehmen zu finden ist und der maßgeblich die Motivation der Mitarbeiter im Unternehmen behindert. Dabei vergessen die Unternehmen, dass die Mitarbeiter das höchste Gut im Unternehmen sind. Mitarbeiter wollen klar geführt werden. Sie wollen ihre Aufgaben kennen und gleichzeitig aber auch ihre Befugnisse und Verantwortungen. Außerdem sind in einem modernen Unternehmen überwiegend die Team-Player im

Vorteil. Gemeinsam können Schwierigkeiten leicht und schnell überwunden werden.

So endet also ein normaler Arbeitstag in deinem Unternehmen. Du hattest dir für den Tag einen Fahrplan gestellt. Am Abend stellst du fest, dass du nur einen kleinen Teil davon abarbeiten konntest. Du kehrst innerlich unzufrieden nach Hause. Auch deine Motivation hat für diesen Tag gelitten. Du sehnst dich nach einer Lösung dieser Unzufriedenheit. Zuhause schaltest du nicht ab und durchforstest deinen Erfahrungsschatz hinsichtlich neuer Ansätze dieses Problem zu verändern.

Lean – die neue Philosophie

In irgendeinem deutschen Unternehmen könnte sich folgendes zugetragen haben. Gerüchte kommen auf, dass es einen neuen Produktionschef geben soll. Wo kommt der her? Was hat der bisher gemacht? Ein paar Wochen später wird der neue Produktionschef dann allen vorgestellt. Schon bei den ersten Gesprächen erwähnt der neue Chef das Thema Lean bzw. Lean Management sehr häufig. So erging es auch mir.

Bisher war der Begriff Lean für mich nicht so geläufig. Da der neue Chef aber scheinbar von dieser Thematik so überzeugt ist, musste ich mich schleunigst informieren. Der einfachste und schnellste Weg geht über das Internet. Nach wenigen Minuten im Netz habe ich festgestellt, dass dies ein größeres Thema sein wird.

In den weiteren nächsten Wochen mit dem neuen Chef wurde mir klar, dass ich mich mit dem Thema sehr intensiv auseinandersetzen muss. Das Internet hat mir die Bibel zum Thema Lean Management preisgegeben: Lean Thinking von James Womack und Daniel Jones.

Nach Studium dieses Buches hat mich das Thema Lean schon ganz ordentlich gepackt. Sehr spannend wird hier beschrieben, wie Unternehmen durch Anwendung der fünf Grundprinzipien des Lean Thinking ihre Krise überwunden haben. Etwas Respekt einflößend fand ich die Beschreibung der sehr aufwändigen Umstellung von einzelnen Produktionsanlagen quasi über Nacht, so dass ein neuer und verbesserter Produktionsfluss stattfinden konnte. In Summe sind aber im Buch viele gute Ideen beschrieben. Die erste Begeisterungswelle bzw. der erste Motivationsschub, diese Methoden auch in meinem Produktionsbereich umzusetzen, war vorhanden. Ich kann nur jedem, der sich mit dem Thema Lean intensiver auseinandersetzen möchte, wärmstens empfehlen dieses Buch zu kaufen.

Das Tempo, welches unser neuer Produktionschef an den Tag legte, war enorm. Anfänglich hielt ich mich bei der Umsetzung in meinem Verantwortungsbereich absichtlich zurück. Das hatte seine Gründe. Ich wollte zunächst das Thema Lean besser verstehen lernen, um es dann angepasst in meinem Produktionsbereich einzuführen. Unser Chef hatte andere Vorstellungen und drängte auf eine schnelle Umsetzung. In meinem Verantwortungsbereich wurden die Produkte kontinuierlich hergestellt. Im Nachbarbereich erfolgte eine klassische Auftragsfertigung von einzelnen Geräten. Außerdem war dieser Bereich mit deutlich mehr Personal - gerade im indirekten Bereich - versehen. Bei den wöchentlichen Rundgängen - eingefordert von unserem neuen Chef - zu dem Thema Lean konnte ich die ersten Umsetzungen im Nachbarbereich in Ruhe beobachten. Auch wenn unser Chef eindeutige und klare Vorgaben gab, so waren diese nicht immer eins zu eins umzusetzen. Aus den anfänglichen Fehlern meiner Kollegen konnte ich entsprechend lernen und habe die Umsetzung der Lean Methoden auf die Besonderheiten meines Produktionsbereiches angepasst. Mit der Zeit habe ich mich zu einem glühenden Verfechter der Lean-Philosophie entwickelt. In einem späteren Kapitel stelle ich die fünf Lean-Methoden detaillierter vor.

Zusammengefasst und wesentlich ist, es wird viel Ballast abgeworfen. Weiterhin entsteht eine einfache Kommunikationsstruktur zwischen dem Mann an der Anlage und zum Beispiel dem Geschäftsführer. Spannend ist, dass dies keine Einbahnstraße ist und somit auch die Führungskräfte endlich wieder Zeit finden müssen sich auch vor Ort zu informieren. Dies ist für mich eines der wesentlichen und wichtigsten Merkmale der Lean-Methode. Näher beschrieben wird dies bei der Methode der Visualisierung.

Als sehr aufwändig betrachte ich das Thema der Wertstromanalyse. Hier bedarf es einer intensiven Schulung zu verwendeten Begrifflichkeiten und Symbole, um aus einem aufgenommenen Ist-Wertstrom einen möglichen Soll-Wertstrom zu entwickeln. An dieser Stelle helfen auch etwas vereinfachte Prozessanalysen genauso weiter. Grundsatz ist auch hier Prozesse immer wieder zu hinterfragen, nicht-wertschöpfende Tätigkeiten zu eliminieren und dadurch verbesserte Abläufe zu gestalten. An späterer Stelle werde ich in diesem Buch über einfache Ansätze zu diesem Thema berichten.

Lean ist für mich zu einem von der Idee her simplen Ansatz geworden, die Probleme in unseren Unternehmen und Betrieben in Deutschland besser zu lösen. Mit recht einfachen und logischen Methoden werden die heute aktuellen Schwierigkeiten gerade in den deutschen Unternehmen angegangen. Mitarbeiter und Führungskräfte werden vor Ort wieder zusammengeführt und arbeiten gemeinsam an den vielen kleinen Verbesserungen in der Produktion.

Jeder kann sich über die Visualisierung ein Bild vom Status der Produktion, sprich Leistung und Qualität, machen. Dazu muss er nur seinen Weg in die Produktion finden und einen Blick auf die entsprechende Tafel (Board zur Visualisierung) werfen. In allen Bereichen wird das Thema Verschwendung und die Vermeidung von Verschwendung allgegenwärtig und führt dazu, dass die Vielzahl der Termine reduziert wird bis hin zur deutlichen Reduzierung der E-Mails. Was heute doch so modern erscheint, sich nur noch über E-Mail auszutauschen, ist bei Lean ganz sicher nicht mehr im Vordergrund. Entscheidend ist der gemeinsame und persönliche Austausch zu Themen - zum Beispiel an einem Flip Chart. Das wiederum hat zur Folge, dass Räumlichkeiten zur Verfügung gestellt werden müssen, damit sich Mitarbeiter zu solchen kurzen Meetings treffen können. Dies fördert in großem Umfang das Team-Verhalten und steigert die Motivation aller Mitarbeiter.

Kapitel 3

Grundlagen zu Lean

Basis von Lean

In diesem Kapitel möchte ich, wenn auch nur kurz, die Theorie zu Lean beschreiben.

Lean Management oder auch Lean Produktion ist gemäß der Theorie der gesamtheitliche Ansatz zur effizienten Gestaltung der Wertschöpfungskette von Gütern bzw. Waren. Das bedeutet, die Wertschöpfungskette beginnend vom Rohstoff bis hin zum Kunden soll effizient gestaltet werden. Dabei stehen nicht nur einzelne Bereiche im Fokus. Das Thema Lean oder die Methoden von Lean sind Mitte des 20. Jahrhunderts bei der Firma Toyota entstanden. Diesen neuen Ansatz haben erstmals dann James P. Wormack und Daniel T. Jones Anfang der Neunzigerjahre beschrieben.

Was ist nun der Grundgedanke von Lean? Eigentlich ein sehr simpler: Jedwede Verschwendung ist zu eliminieren.

Lean definiert hier acht Arten der Verschwendung. Zum einen sind Überproduktionen zu vermeiden. Sehr einleuchtend und sehr logisch, Wenn von einem Produkt zu viel produziert wird, bleibt dieses im Lager liegen. Das Unternehmen erzielt keinen Umsatz, hat die entsprechend Herstellkosten aufgewendet und die Lagerplätze sind blockiert, was ebenfalls zu Kosten führt. Aber auch zu hohe Bestände zählen zur Verschwendung. Hier sind hohe Bestände bei den Rohstoffen, so wie auch bei den Zwischenprodukten und den Endprodukten gemeint. Moment, das klingt doch nach dem bekannten Thema Just-in-Time bei der Anlieferung von Rohstoffen. Eindeutig ja. Lean erfindet nicht unbedingt alles neu. Es übernimmt gerne bekannte Methoden und integriert sie in den gesamtheitlichen Ansatz. Verschwendung treten auch auf bei Transporten und bei zu vielen unnötigen Bewegungen. Diese beiden Punkte sind sicherlich selbsterklärend, genauso wie der nachfolgende Punkt Produktionsfehler und Nacharbeit. Ebenfalls zählt zu den Verschwendungen das Thema Wartezeit. Auch dies ist sehr einleuchtend, da sich bei Wartezeit die Fertigungskosten erhöhen und Personalressourcen gegebenenfalls gebunden werden. Die letzten beiden Punkte der acht Arten der Verschwendung heißen falsche oder unnötige Prozesse und ganz wesentlich ungenutztes Mitarbeiter Know-how.

Mit diesen acht Arten der Verschwendung ist es Lean mittlerweile gelungen auch im Bereich der Administration und Instandhaltung Anwendung zu finden.

Zur Umsetzung dieses Grundgedankens – jedwede Verschwendung im Prozess zu eliminieren – kommen bei Lean fünf Leitlinien und Methoden zur Anwendung. Wichtig ist dabei die Kundensicht zu berücksichtigen, also wann in welcher Qualität und zu welchem Preis muss das Produkt zur Verfügung stehen, und dies dann durch die Anpassung der Unternehmens-prozesse zu unterstützen. Die fünf Leitlinien und fünf Methoden stelle ich im nächsten Kapitel näher vor.

Ich möchte an dieser Stelle den Ansatz, dass die Mitarbeiter bzw. die handelnden Personen in einem Bereich wieder in den Vordergrund treten, herausstellen. Die digitale Welt zur Visualisierung oder zur Steuerung von Anlagen hat in der Vergangenheit dazu geführt, dass die Kommunikation zwischen den handelnden Personen sich drastisch reduziert hat. Jeder hat sich auf Analysen der vorhandenen Daten beschränkt und entsprechende Ergebnisse präsentiert. Gefehlt hat die gemeinsame Diskussion und Interpretation der gesammelten Daten und Kennzahlen. Dies steht bei Lean nun eindeutig wieder im Vordergrund und macht aus meiner Sicht den größten Nutzen der Methode aus.

Die fünf Leitlinien und fünf Methoden

Nach Womack und Jones gibt es fünf Leitlinien, die die Basis für Lean-Aktivitäten im Unternehmen begründen. Diese sind: den Wert aus Sicht des Kunden definieren, den Wertstrom identifizieren, das Flussprinzip umsetzen, das Pull-Prinzip einführen und Perfektion anstreben.

Betrachten wir uns diese fünf Leitlinien oder Methoden etwas genauer. Leitlinie eins „Den *Wert aus Sicht des Kunden definieren*" bedeutet, die Produkte auf die Bedürfnisse des Kunden anzupassen und diese dann in der richtigen Qualität, zu adäquaten Preisen und zur richtigen Zeit herzustellen. Dies klingt jetzt nun nicht besonders neu. Es könnte auch ein wenig im Widerspruch zu anderen Unternehmensphilosophien stehen: Steve Jobs zum Beispiel, Gründer von Apple, hat Produkte entwickelt, deren Nutzen die Kunden noch gar nicht gewünscht bzw. formuliert hatten. Diese Digital-Lifestyle-Produkte sind mit Sicherheit eine entsprechende berühmte Ausnahme. Doch ansonsten gilt es den Kundenwunsch hinsichtlich der Produkte zu kennen und diese dann entsprechend zu entwickeln.

Die zweite Leitlinie „*Den Wertstrom identifizieren*" besagt, dass alle Aktivitäten zur Herstellung des Produktes analysiert werden müssen. Dies bedeutet vom Rohstoff bis zur Auslieferung an den Kunden. Dabei ist immer wieder der Blick auf die wertschöpfenden Prozesse zu richten und alles an Verschwendung zu eliminieren. Dadurch können Ressourcen gezielt eingesetzt werden und somit effizient genutzt werden.

Kommen wir zur dritten Leitlinie von Lean „*Das Flussprinzip umsetzen*". Ganz wesentlich ist es einen möglichst kontinuierlichen und störungsfreien Ablauf in der Produktion oder auch im Geschäftsprozess zu erzielen. Alle Unterbrechungen, Zwischenlagerungen und Puffer tragen nicht zu einem effizienten Wertstrom bei. Der gesamte Produktionsfluss ist zu harmonisieren, alle Engpässe sind zu beseitigen und möglichst kleine Lose kontinuierlich fließen zu lassen. Damit kann eine Fertigung flexibel auf alle Kundenwünsche reagieren und diese schnell bedienen.

Bei der vierten Leitlinie *„Das Pull-Prinzip einführen"* fängt das Unternehmen erst mit Bestellung des Kunden, oder wenn die Bestände ein Minimum erreicht haben, an zu produzieren. Somit zieht (im Englischen pull) der Kunde die Produkte durch die Produktion. Klassisch kennen wir, dass ein Unternehmen die Produkte mittels Planungsvorgaben und maximaler Maschinenauslastung durch die Produktion drückt (im Englischen push). Dabei ist aber nie gewährleistet, dass die richtigen Mengen vom richtigen Produkt in der richtigen Qualität zur richtigen Zeit an den Kunden geliefert werden kann. Das Pull-Prinzip hilft zusätzlich auch noch Lager- und Transportaufwand in einem Unternehmen zu reduzieren.

Die letzte Leitlinie *„Perfektion anstreben"* ist sicherlich die am schwierigsten umzusetzende Leitlinie. Lean soll keine Eintagsfliege sein, sondern ein immerwährender stetiger Verbesserungsprozess. Die Philosophie bei Lean ist, dass eine Perfektion nie erreicht wird, aber durch ständiges Hinterfragen der Abläufe und vor allem durch Einbringen der Ideen der Mitarbeiter die Perfektion angestrebt wird. Und dies in vielen, vielen kleinen Schritten. Wer sich also für Lean entscheidet, entscheidet sich für einen regelmäßigen Verbesserungsprozess, der von allen im Unternehmen geleistet werden muss.

Um diese fünf Leitlinien umzusetzen werden bei Lean fünf Methoden eingesetzt. Der Kernansatz ist die Analyse und Darstellung des Ist-Zustands der Produktion mit Hilfe von festgelegten Symbolen = Wertstromanalyse. Dabei werden wichtige Daten wie Zykluszeiten und Bestände aufgenommen. Zur Modellierung eines neuen optimierten Sollzustands empfiehlt es sich die beschriebenen Teilprozesse mittels Videos aufzuzeichnen, um exakt die wertschöpfenden von den nicht-wertschöpfenden Schritten zu trennen. Der Prozess der Herstellung wird gemäß Einzelstückfluss „One-Piece-Flow" ausgerichtet. Ebenso hilfreich sind immer wieder durchzuführende Inspektion hinsichtlich Ordnung, Sauberkeit und Einhaltung des Einzelstückflusses mittels der 5S – Methode. Weiterhin ist die Visualisierung ein entscheidender Faktor, so dass Mitarbeiter den Nutzen der Methoden schneller erlernen. Messbar werden die Fortschritte über Kennzahlen, die regelmäßig in kurzen Meetings, genannt Shopfloor, verfolgt werden.

Zusammen gefasst sind die fünf Methoden: Wertstromanalyse, One-Piece-Flow (Einzelstückfluss), 5S, Visualisierung und Shopfloor.

Bild 1: Die 5 Methoden von Lean

Betrachten wir auch hier die fünf Methoden etwas genauer.
Bei der „Wertstromanalyse" wird zunächst der Ist-Zustand eines Prozesses aufgenommen. Danach erfolgt die Modellierung eines verbesserten Wertstroms, bei dem alle nicht wertschöpfenden Tätigkeiten eliminiert werden. Die erforderlichen Maßnahmen zur Umsetzung dieses neuen Wertstroms

werden in einem Aktivitätenplan festgelegt und danach Schritt für Schritt umgesetzt.

Das Grundprinzip von „One-Piece-Flow" ist die Begleitung des Mitarbeiters bei der Herstellung des Produktes von Anfang bis Ende. Da der Arbeitsumfang bei vielen Produkten sehr hoch ist, wird der Prozess abschnittsweise in Fertigungs-Inseln unterteilt. An der Übergangsstelle übernimmt der nächste Mitarbeiter das Produkt und ergänzt es in seiner Fertigungs-Insel um die dort angesiedelten Wertschöpfungsschritte. Es bleibt aber dabei, dass das Produkt in einem Rutsch zu Ende produziert wird.

Mit der „5S Methode" werden Arbeitsplätze zu sicheren, sauberen und übersichtlichen Arbeitsplätzen gestaltet. Alles das was den Arbeitsplatz stört wird entfernt. Damit entfallen lästiges Suchen, lange Transportwege und Wartezeiten werden vermieden. Ein sauberes und ordentliches Arbeitsumfeld gilt zudem als Grundlage für Qualitätsarbeit und kann somit als Eigenmarketing für Gäste Anwendung finden. Schon mit Einsatz der 5S-Methode kann die Produktivität der Mitarbeiter gesteigert werden.

Die „Visualisierung" zielt auf die sichtbare und sofort interpretierbare Gestaltung von Informationen, Zuständen und Prozessabläufen. Alle notwendigen Informationen müssen schnell, eindeutig und präzise, unmissverständlich und effizient an ihre Zielpersonen übermittelt werden, um eine folgerichtige Handlung daraus zu erreichen. Das Visuelle Management zeigt die Abweichungen von Standards auf und ermöglicht so eine kontinuierliche Verbesserung.

„Shop-Floor" bedeutet wörtlich „Hallenboden", und meint also den Ort der Wertschöpfung – die Produktion. Beim Shop-Floor Management konzentriert sich das Steuern und Lenken von Aktivitäten auf den Shop-Floor mit dem Bestreben einen kontinuierlichen Verbesserungsprozess zu etablieren. Erreicht wird dies durch die Zusammenarbeit zwischen Mitarbeiter und Führungskraft an einem Ort, dass die wesentlichen wichtigen Kennzahlen der Produktion visualisiert. Somit zeigen Führungskräfte beim Shop-Floor Management wieder

Präsenz in der Produktion. Sie sind vor Ort, erhalten Informationen aus erster Hand und die Mitarbeiter können den Führungskräften ihre Ideen sofort mitteilen. Es empfiehlt sich eine Shop-Floor-Kaskade einzuführen, wenn dies durch gewisse Fertigungstiefe gegeben ist. So können zum Beispiel Teamleiter oder Schichtleiter mit den Anlagenbedienern an jedem Board einer Anlage diesen Prozess starten. Im Anschluss treffen sich Teamleiter und Gruppenleiter an einem weiteren Bord zum Beispiel etwas außerhalb der Produktion. Der Abteilungsleiter oder auch Geschäftsführer kann sich dann mit seinen Gruppenleitern an dem Abteilungsboard treffen und sich über den Fortschritt der Produktion informieren.

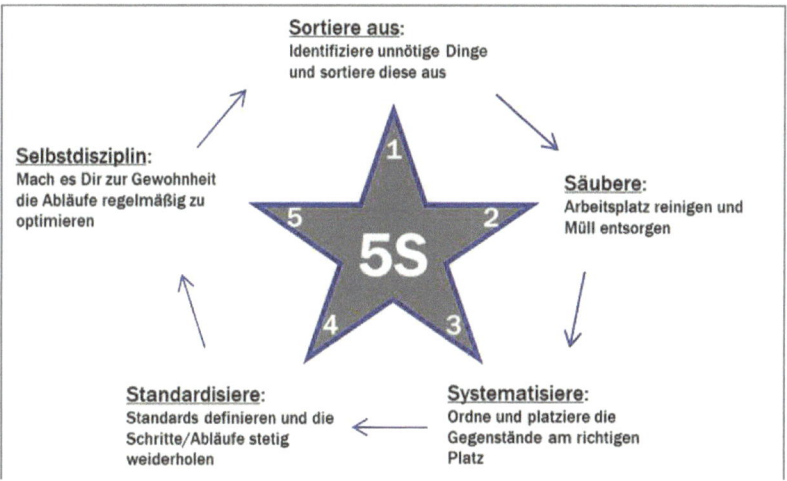

Bild 2: Die 5S-Methode

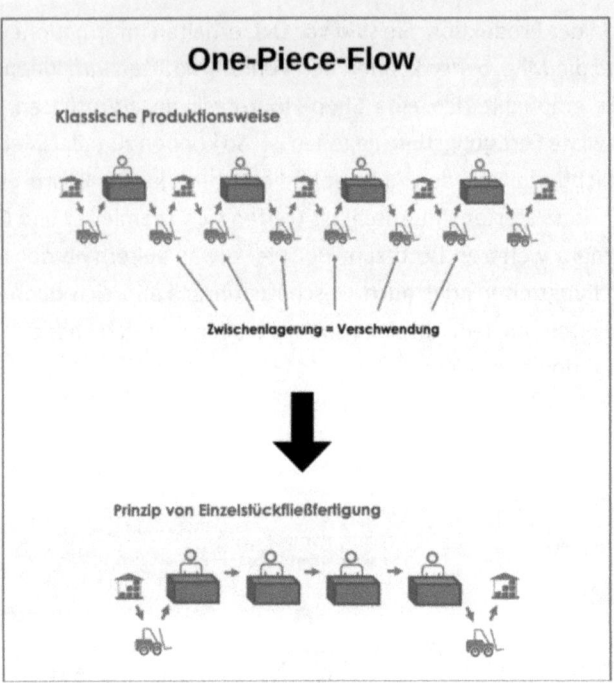

Bild 3: Das Prinzip des One-Piece-Flow

Kapitel 4

_____

Umsetzung in der Produktion

_____

Erste Orientierungsphase

Mit Lean sollte also eine neue Strategie oder ein neuer Prozess in den Produktionsbereichen umgesetzt werden.
Nach der ersten inhaltlichen Auseinandersetzung mit Lean, suchte ich nun eine Möglichkeit eine erste Lean-Methode anzuwenden. Mein Ziel war dabei, dass sich in kurzer Zeit auch ein Erfolg einstellt. Das war mir wichtig, um einerseits meine Mitarbeiter zu überzeugen, aber auch mich selber.

In einem Teilbereich der Produktion wurde ein neues innovatives Produkt hergestellt. Wir waren mit der Einrichtung der Produktions- und Arbeitsstätten noch am Anfang. Hier bot es sich an, die Methode der Wertstromanalyse anzuwenden. Ausgegebenes Ziel war, die Produktivität der Mitarbeiter und damit den Output bei der Herstellung zu steigern. Im Vorfeld dazu habe ich zunächst alle Mitarbeiter in der Produktion allgemein über das Thema Lean informiert. Dies geschah im Rahmen von regelmäßig in meinem Bereich stattfindenden Mitarbeiter-Informationen. Vorbereitend dazu hatte ich mit Hilfe von intern ausgebildeten Lean-Managern die erforderlichen Projektphasen zur Umsetzung geplant. Mir erschien es besonders wichtig, dass diese Projektphasen in kleine überschaubare Teilprojekte abgebildet wurden, so dass der Einsatz der Mitarbeiter (zwingend erforderlich) einerseits möglich wurde und andererseits schnelle Erfolge erzielt wurden. Dies wirkt sich motivierend auf die Mitarbeiter aus.

Die Ist-Aufnahme des Wertstroms erfolgte zunächst auf Papier und wurde dann mit den Mitarbeitern verfeinert. Neben dem Ablauf selber sind wichtige Kenngrößen dokumentiert worden (Anzahl Mitarbeiter je Arbeitsschritt, bekannte Zeiten für den Herstellschritt, usw.).
Dieser so festgelegte Gesamtablauf wurde nun in sinnvolle kleine Einheiten unterteilt. Die Führungskräfte wurden diesen Einheiten zugeteilt und haben nun den Ablauf vor Ort per Video mit Zeit aufgenommen. Nebenbei wurden die Mitarbeiter interviewt hinsichtlich deren Meinungsbildes (positiv/negativ) zu dem aktuellen Arbeitsablauf. Die Video-Aufzeichnungen wurden im

Anschluss von den eingeteilten Gruppen hinsichtlich wert-schöpfender und nicht-wertschöpfender Tätigkeiten sortiert. Für jeden einzelnen Arbeitsschritt ergaben sich somit Zeiten für den wertschöpfenden und nicht-wertschöpfenden Anteil.

Wir erinnern uns: nicht-wertschöpfende Tätigkeiten sind Verschwendung. Direkt im Anschluss machte sich jede Gruppe Gedanken, wie die nicht-wertschöpfenden Zeiten reduziert werden konnten. Das Gesamtergebnis wurde dann in einem neuen Soll-Prozess zusammen-gefasst. Der so neu aufgestellte Ablauf wurde mit den Mitarbeitern vor Umsetzung besprochen und diskutiert. Dabei erfolgten auch räumliche Umstellungen von Produktionsanlagen, um einen verbesserten Ablauf umzusetzen.

Mit diesem ersten Projekt in der Produktion konnten wir eine Verdoppelung des Outputs pro Tag erreichen. Allen Beteiligten war schnell bewusst, dass dies eine sehr effiziente Methode zur Verbesserung von Abläufen darstellt.

Parallel zu dieser Methoden-Umsetzung überlegte ich, welche Kennzahlen zur Visualisierung an einem Board für meine Produktionsbereiche sinnvoll waren. Ich taste mich langsam an das Thema Visualisierung heran. Zunächst stellte ich die Kennzahlen auf Monatsbasis dar. Diese hatte ich sowieso schon immer ermittelt und zur Verfügung. Mein Ziel war es nun, diese auf Tagesbasis runter zu brechen, um frühzeitig zu erkennen ob und was in der Produktion gut bzw. nicht gut läuft.

Dazu führten wir eine Visualisierung über +QDIP ein. Das „+" steht für Erste Hilfe und somit für mögliche Unfälle in der Produktion, „Q" = Qualität, „D" für Delivery = Lieferfähigkeit, „I" für Inventory = Bestände und „P" für Produktivität. Diese fünf Kennzahlen wurden nun jeden Tag von den Gruppenleitern mit den Mitarbeitern besprochen und gemäß Ergebnis „Grün" (alles o. k.) und „Rot" (Abweichungen) dokumentiert. Der erste Ansatz für einen Shop-Floor war geboren.

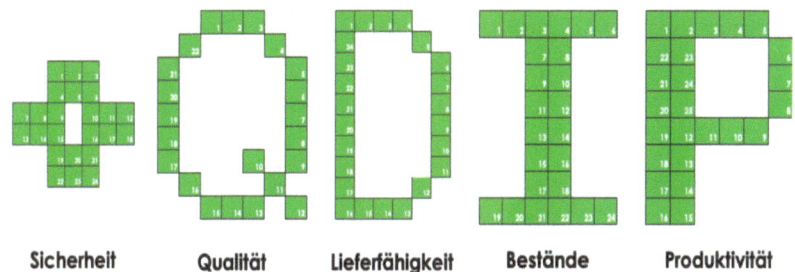

| Sicherheit | Qualität | Lieferfähigkeit | Bestände | Produktivität |

Bild 4: Visualisierung Produktionsboard

Schritt für Schritt übernahm ich so die Methoden von Lean in die Produktion. Die Kennzahlen aus meinem Verantwortungsbereich stellte ich im monatlichen Review-Meeting meinen Kollegen zur Diskussion vor. Nach und nach überzeugte mich der Ansatz von Lean und ich plante die nächsten Projekte zu diesem Thema in der Produktion.

Weitere Beispiele in der Produktion

Nach dem ersten Erfolg mit dem Thema Wertstromanalyse wollte ich in einem weiteren Produktionsbereich den messbaren Erfolg dieser Methode anwenden. In diesem Produktionsbereich werden sehr viele manuelle Herstellschritte ausgeführt, und ich hatte schon in der Vergangenheit das Gefühl, dass hier noch Verbesserungspotenzial besteht. Mit der zuständigen Gruppenleiterin wendeten wir auch hier die Methode der Wertstromanalyse an. Wichtig war uns nicht unbedingt die strikte Einhaltung der zu verwendenden Symbolik und Darstellung einer Wertstromanalyse, sondern viel mehr der praktische Nutzen. Die Abläufe wurden im Ist aufgenommen und schnell stellte sich heraus, dass durch geringfügige Investitionen (Anschaffung zweier zusätzlicher Waagen) der Ablauf deutlich beschleunigt werden konnte. Auch hier konnten wir durch kleine Umstellung der verwendeten Teil-Automaten und durch die neu angeschafften Waagen eine tolle Steigerung des Outputs pro Tag erzielen. Auf den Monat bezogen erreichten die Mitarbeiter eine Steigerung um 50 %.

Positiv angetan von dieser Ergebnissituation suchten wir nach weiteren leicht umzusetzenden Lean-Projekten. Es bot sich relativ schnell ein weiterer manueller Prozess im Nachbarbereich an. Von einem Lieferanten hergestellte Produkte wurden hier lediglich noch verpackt. Diese Verpackung erfolgte manuell. Das bedeutete, der Mitarbeiter zählte die Anzahl der Produkte und füllte diese in die Verpackung. Vorab wurden die Etiketten für den Auftrag gedruckt von einem Mitarbeiter auf die Verpackung geklebt, bevor ein weiterer Mitarbeiter die Verpackung mit den Produkten füllte. Die so befüllten Verpackungen wurden dann im Anschluss manuell verschlossen.
Dieser Ablauf widerspricht der Lean-Philosophie insofern, da die Produkte beziehungsweise die Verpackungen mehrmals angefasst werden mussten. An dieser Stelle führten wir für diese Arbeitsschritte den One-Piece-Flow ein. Der Ablauf änderte sich wie folgt: ein Mitarbeiter entnimmt einem Etikettendrucker das Etikett, klebt dieses auf die Verpackung, portioniert direkt im Anschluss die entsprechende Anzahl an Produkten in die Verpackung und

verschließt zum Abschluss dieser Verpackung gemäß Vorgabe. Damit dieser Prozess so routinemäßig in der Produktion umgesetzt werden konnte, mussten lediglich zwei Etiketten-Drucker angeschafft werden. Damit konnten zwei Linien für diesen Prozess aufgebaut werden. Auch hier erzielten wir in der Produktivität eine Leistungssteigerung von annähernd 40 %. Damit waren die Investitionen schnell amortisiert.

Ganz wichtig: die Mitarbeiter müssen bei der Entwicklung der neuen Abläufe unbedingt mit eingebunden werden. Dies hat zur Folge, dass die Mitarbeiter ihre Ideen mit einbringen können und somit die Motivation für neue Abläufe deutlich größer ist. Außerdem ist auch die Akzeptanz deutlich erhöht. So wird zum Beispiel nicht von Akkordarbeit gesprochen, da die Mitarbeiter die nichtwertschöpfenden Tätigkeiten selber erkennen und eliminieren. Die Mitarbeiter gehen zufrieden nach Hause: ohne Akkord können sie im gleichen Zeitraum mehr Produktivität ausweisen. Ein toller Erfolg.

Konsequente Einführung

Nach der Feststellung, dass mit Lean tatsächlich ein neuer Ansatz zur Verbesserung und Optimierung vieler Abläufe in meinem Bereich möglich ist und auch funktioniert, beschloss ich diesen Ansatz konsequent in meinem Verantwortungsbereich umzusetzen.
Folgende Ideen brachte ich schnell zu Papier und bereitete deren Umsetzung innerhalb weniger Tage vor:

⇨ Reduzierung und damit gleichzeitig Vermeidung des internen E-Mail-Verkehrs zwischen meinen Mitarbeitern.
Die Mitarbeiter sollten wieder persönlich miteinander kommunizieren. Daher gestaltete ich ein freies Büro zu einem Projektraum um. Es wurden ein großer Bildschirm zum Anschluss von Laptops montiert, eine große fahrbare/magnetische Euro-Weiß-Wandtafel besorgt, Flip-Charts aufgestellt und die freien Wände wurden zum Aufhängen von Informationen genutzt. Ab sofort wurden alle anstehenden Abstimmungen gemeinsam in dem Projektraum durchgeführt. Die Ergebnisse der Besprechungen wurden in einer Maßnahmenliste dokumentiert, so das weitere noch abzuarbeitende Punkte zu diesem Thema nicht verloren gingen. Außerdem wurden über die Maßnahmenliste auch die Verantwortlichen festgelegt. Ich forderte meine Mitarbeiter zur Nutzung dieser neuen Kommunikationsform auf.

⇨ Etablierung der 5S Methode in allen Bereichen - auch im Büro.
Alle nicht notwendigen Gegenstände an den Arbeitsplätzen wurden entfernt, ein gewisser Standard für die Arbeitsplätze festgelegt und auf Sauberkeit und Ordnung geachtet. Ja, tatsächlich wurde auch in den Büros aufgeräumt, die Schreibtische entrümpelt und insgesamt zog eine neue Ordnung in die Büros ein. Ballast abwerfen befreit ungemein und setzt neue Energie und Lust frei.

⇨ Neustrukturierung des Shop-Floor in meinem Bereich.
Ich richtete eine Kaskade ein, das heißt meine Gruppenleiter führten in ihren Bereichen jeweils einen Shop-Floor mit ihren Mitarbeitern durch. Jeden

Morgen trafen sich dann die Gruppenleiter mit einem Vertreter aus Qualität, Technik und mit mir an dem entsprechenden Bereichs-Board. Für jeden Bereich legte ich 15 Minuten Zeit fest, so dass ich meine vier Produktionsbereiche innerhalb 1 Stunde abhandeln konnte. Die Gruppenleiter füllten während dieser Zeit die +QDIP-Übersicht für den vorangegangenen Tag aus und Abweichungen wurden auf einer zugehörigen Maßnahmenliste dokumentiert. Es wurden keine Lösungen für die Abweichungen/ Probleme diskutiert, sondern nur die Verantwortlichen festgelegt, die sich um die Abweichung kümmerten. Diese informierten am nächsten Tag über die Lösung oder den aktuellen Fortschritt. Konnte auch nach mehreren Tagen die Abweichung nicht abgeschlossen werden, so überführten wir diese mit entsprechendem Vermerk auf der Maßnahmenliste in unseren KVP-Prozess (Kontinuierlicher Verbesserungsprozess).

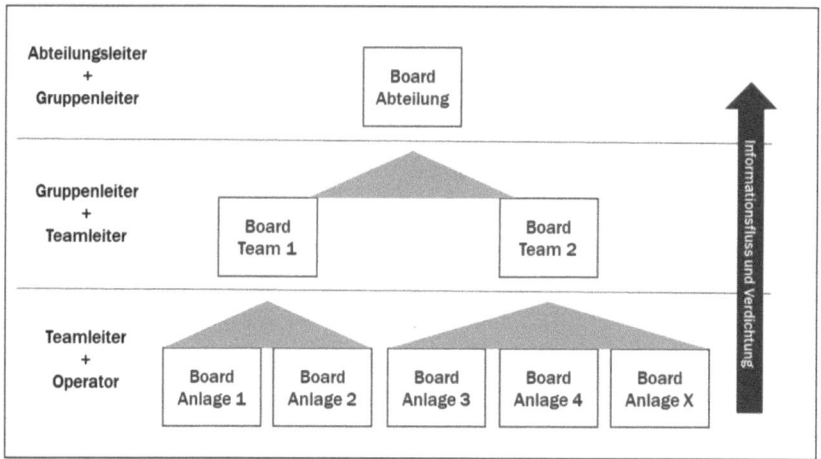

Bild 5: Beispiel einer Shop-Floor-Kaskade

⇨ Einbindung der Technikabteilung: Konzipieren und Bau von Betriebsmitteln zur Unterstützung des Lean-Konzeptes.

Anfänglich musste ich die Mitarbeiter meiner Technik-Abteilung dazu coachen. Mit den Betriebsmitteln sind kleine technische Hilfestellungen für die Mitarbeiter, um ihren Arbeitsprozess zu erleichtern. Das können einfache

Ständer sein, auf denen zum Beispiel Verpackungsmaterial so in greifbarer Nähe liegen, dass die Mitarbeiter sich nicht bücken müssen. Das Problem bei der Sache war: Die unterstützenden technischen Betriebsmittel für Mitarbeiter sind erforderlich, sollten aber wenig Geld kosten. Dies bedeutete für uns alle, die sich aufdrängende technische Lösung in mehreren Iterationsschleifen auf eine möglichst einfache und effiziente Weise zu reduzieren. Nicht immer sind technische Lösungen mit zum Beispiel kleiner SPS-Steuerung tatsächlich die beste Lösung. Manchmal helfen auch ganz einfache mechanische Lösungen.

⇨ Wie schon oben erwähnt pflegte die Qualitätsabteilung eine Maßnahmenliste zum Thema KVP-Prozess.
Hier wurden alle Maßnahmen aus dem Shop-Floor übernommen, die nicht kurzfristig gelöst werden konnten, sowie auch weitere Verbesserungsmaßnahmen, die zum Beispiel bei Besprechungen im Projektraum entwickelt wurden.

⇨ Einheitliches Aussehen/Layout der Maßnahmenlisten.
Die Maßnahmenliste beinhaltet mindestens das Thema, wann es erfasst wurde, wer verantwortlich ist, bis zu welchem Termin, den Status und gegebenenfalls weitergehende Bemerkungen. Letztendlich wurde die Anzahl der Maßnahmenlisten reduziert auf A = Shop-Floor, B = KVP-Prozess und C = Projekte. Diese Listen wurden zentral abgelegt und konnten von allen Mitarbeitern der Produktion eingesehen beziehungsweise gepflegt werden. Alle anderen persönlichen Übersichtslisten wurden gelöscht.

Nach Startschuss dieser Neustrukturierung der Kommunikation in meinem Verantwortungsbereich dauerte es tatsächlich nur wenige Tage/ Wochen bis sich alle daran gewöhnt hatten. Meine wesentliche Aufgabe in diesem Zeitraum beschränkte sich auf die Einhaltung der neuen Vorgaben zu achten. Relativ schnell erkannten die Mitarbeiter, wie viel mehr Zeit sie am Tag für die Bearbeitung der auftretenden Probleme zur Verfügung hatten. Allein mit diesen Maßnahmen steigert sich die Zufriedenheit nicht nur bei meinen direkten Mitarbeitern, sondern auch im Bereich der Produktion vor Ort. Die festgestellten Abweichungen verschwanden nicht wie früher irgendwo auf einer langen Liste, sie wurden jetzt zügig und schnell bearbeitet. Eine Rückmeldung zu den Themen erfolgte im Schnitt innerhalb einer Woche. Weiterhin waren durch diese Maßnahmen alle Mitarbeiter nahezu vollständig über den Status der Produktion informiert. Zusätzlich hatte ich persönlich wieder ein tieferes Wissen über die aktuelle Lage der Produktion und konnte mich bei den Verbesserungsprozessen motivierend mit einschalten, denn auch ich hatte jetzt wieder mehr Zeit für solche Aufgaben.

Kapitel 5

_____

Lean – ein Weg für kleine und mittlere Unternehmen

_____

Der Leser hat nun viel über meine Erfahrungen zu Lean gelesen. Es stellt sich nun die Frage, in wie weit die Lean-Philosophie für kleine und mittlere Unternehmen sinnvoll ist. Gelehrt wird, dass Lean als ein gesamtheitlicher Ansatz in Unternehmen Anwendung finden soll. Das bedeutet, es sollen alle Methoden und Hilfsmittel von Lean eingesetzt werden. Dies ist der so genannte „generische" Ansatz und ist in der Theorie vollkommen korrekt.

Für diesen generischen Ansatz bedarf es mit Sicherheit eines größeren Change Prozesses, damit alle Mitarbeiter im Unternehmen diese Philosophie tatsächlich übernehmen. Gerade in kleinen und mittleren Unternehmen sind dies üblicherweise die Hinderungsgründe ein solches Vorhaben umzusetzen. Doch es gibt noch einen weiteren Ansatz Lean im Unternehmen einzuführen. Wir sprechen hier von dem problemorientierten Ansatz. Beim problemorientierten Ansatz werden nicht sofort alle Methoden und Hilfsmittel von Lean eingesetzt, sondern nur die, die derzeit einen Nutzen bringen. Damit ist ein schneller Start gewährleistet und es stellen sich auch schnell Erfolge ein. Nachteilig könnte es sein, dass gegebenenfalls keine Lean-Kultur entsteht. Ich persönlich habe den Weg des problemorientierten Ansatzes in meinem Verantwortungsbereich umgesetzt und bin damit sehr gut gefahren.

Lean wird mittlerweile nicht nur in der Produktion eingesetzt, sondern auch in den Bereichen Administration und Instandhaltung. Entwickelt wurde aber Lean vorrangig für Herstellungsbereiche und daher liegt es in der Natur der Sache, dass hier die größten Potenziale zu heben sind. Daher würde ich jedem Unternehmen empfehlen, zunächst erste kleine Lean-Projekte in der Herstellung beziehungsweise Produktion umzusetzen. Natürlich spricht aber auch gar nichts dagegen Lean-Methoden im Bereich der Administration anzuwenden. Auch hier empfehle ich den problemorientierten Ansatz, sprich zunächst erstmal eine Methode oder ein Hilfsmittel von Lean anzuwenden.

Welche Methode oder welches Hilfsmittel angewendet werden soll, ist immer von den Randbedingungen abhängig. Manchmal reicht es schon die 5S Methode konsequent einzuführen, wenn unordentliche Arbeitsbereiche den

Schwerpunkt der Unzufriedenheit ausmachen. Empfehlen würde ich immer die Methode der Visualisierung einzuführen. Kennzahlen der Produktion oder des Bereiches an einem Board auszuhängen, fördert die Identifikation der Mitarbeiter mit der Arbeit und steigert das tiefere Verständnis für die Zusammenhänge in der Produktion. Wenn sie dann auch noch die Mitarbeiter in einen Shop-Floor einbinden, so werden sie in kürzester Zeit hochmotivierte und mitdenkende Mitarbeiter entwickeln. Gerade die vielen kleinen Probleme, die in der Vergangenheit immer untergegangen waren, werden jetzt endlich bearbeitet. Das allein ist schon ein großer Gewinn für den Bereich.

Zusammenfassend empfehle ich kleinen und mittleren Unternehmen den einfachen Weg des problemorientierten Ansatzes.
Beginnen Sie mit den Methoden der Visualisierung, Shop-Floor und 5S. Haben Sie dann die Vorteile von Lean erkannt, können Sie sich mit den anderen Methoden intensiver auseinandersetzen.

Wenn Sie selber die Anwendung von Lean testen wollen, dann machen Sie folgende Übungen:
Schritt 1: Falten Sie 10 DIN A4-Papiere auf Briefumschlaggröße Ihrer Wahl.
Schritt 2: Stecken Sie nun die gefalteten Papiere in die Briefumschläge – 10x hintereinander.
Schritt 3: Kleben Sie nun hintereinander alle 10 Briefumschläge zu.
Schritt 4: Kleben Sie auf jeden Brief nun eine Briefmarke (10x).
Schritt 5: Stempeln Sie im letzten Schritt die Briefe nun ab.

Die Schritte 3 bis 5 können Sie symbolisch absolvieren zur Schonung der Ressourcen.
Wichtig ist, dass die den Arbeitsschritt 10x hintereinander absolvieren und immer wieder das Zwischenergebnis auf einen neuen Stapel lagern.
Halten Sie die Zeit mit einer Stoppuhr fest, die Sie für diese 5 Schritte benötigt haben.

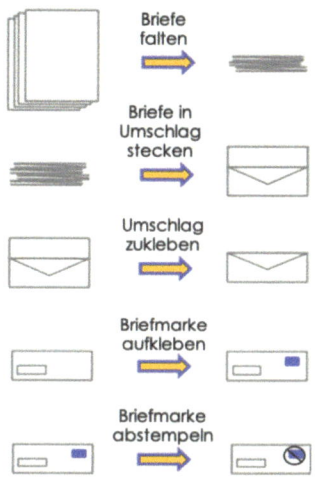

Bild 6: Brief-Übung ohne Lean

Nun wenden Sie im 2. Teil der Übung den Lean-Gedanken „Eliminierung von Verschwendungen" an, indem Sie folgendes in Ihrem Ablauf verändern:

Sie falten das erste DIN A4-Papier, stecken es in den Briefumschlag, kleben den Briefumschlag zu, kleben eine Briefmarke auf und stempeln diese ab. Dann nehmen Sie das zweite DIN A4-Papier und wiederholen den gleichen Vorgang wie mit dem ersten. Danach das dritte Papier und so weiter, bis Sie alle 10 DIN A4-Papiere verarbeitet haben.
Lassen Sie auch hier die Stoppuhr mitlaufen und vergleichen Sie hinterher die Ergebnisse.

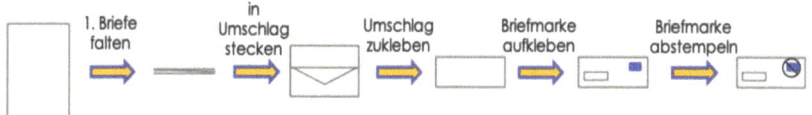

Bild 7: Brief-Übung nach Lean-Vorgabe

Sie werden feststellen, dass Sie mit der Anwendung der Lean-Philosophie deutlich weniger Zeit benötigen für die Arbeitsschritte. Die Zwischenlagerungen sind alle weggefallen. Die Arbeitsschritte im 2. Teil der Übung erfolgen in einem Fluss (flow).

Diese Übung faszinierend mich immer wieder aufs Neue und ist ein wirklich simples und klares Beispiel welchen Nutzen Lean bringen kann.

Kapitel 6

———————————

Praktische Erfolge mit Lean

———————————

Wirkweise der Visualisierung

In der Industrie sind die Signalsäulen an Maschinen hinlänglich bekannt. Sie geben dem Anlagenbediener auch aus entsprechender Entfernung den Hinweis über den Zustand der Anlage. Leuchtet das grüne Licht, so produziert die Anlage bestimmungsgemäß. Bei Aufleuchten des gelben Lichts produziert die Anlage zwar noch, aber es steht ein Fehler an. Der Anlagenbediener muss sich zur Überprüfung der Anlage und zur Vermeidung von möglichen Folgefehlern schnellstmöglich zur Anlage begeben. Das rote Licht signalisiert den Stillstand und damit Produktionsstopp der Anlage, und der Anlagenbediener hat sich sofort zur Anlage zu begeben, um die Störung zu beseitigen.

Bild 8: Signalsäule

Diese Signalwirkung wird bei Lean innerhalb der Visualisierung ebenfalls genutzt. Doch die Visualisierung hat noch mehr Aufgaben. Sie stellt die Kommunikationsplattform innerhalb des Lean-Produktion-Systems dar. Sie vermittelt den Mitarbeitern Informationen und fördert somit das Mitdenken der Mitarbeiter. Die Arbeitsstandards werden kommuniziert und die visuelle Gestaltung der Arbeitsplätze und Prozesse werden festgelegt. Durch einen täglichen Abgleich gegenüber den Soll-Vorgaben wird auch farblich jede Abweichung dokumentiert. In einem früheren Kapitel habe ich schon als Beispiel das +QDIP-System erläutert.

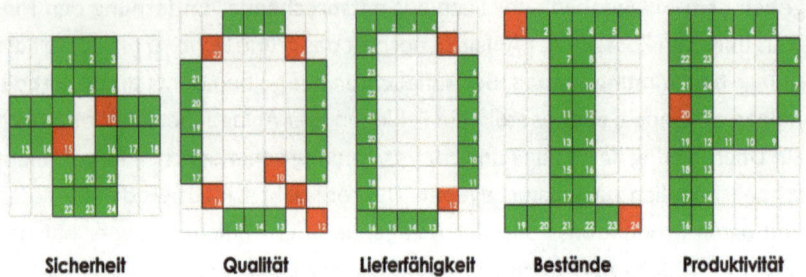

| Sicherheit | Qualität | Lieferfähigkeit | Bestände | Produktivität |

Bild 9: Visualisierung Produktionsboard mit Abweichungen in „Rot"

Die Visualisierung hilft Standards in der Produktion festzulegen und regelmäßig zu überprüfen.

Dazu gehört ein Farbkonzept für Bodenmarkierungen und für Betriebsmittel. Gesetzliche Richtlinien geben zumindest bei der Bodenmarkierung schon Farben vor. Diese sind unbedingt einzuhalten, können aber durch weitere Farben ergänzt werden. Ebenso können Betriebsmittel durch Farbgebung klar ihrer Verwendung zugeordnet werden: Material-Transport zum Beispiel Blau, Hebezeuge und Kräne beispielweise Gelb, usw.

Je Produktionsbereich können Teamtafeln aufgestellt werden mit den Inhalten Organisation des Teams, Leistungskennzahlen und Stand der Problemlösungen. Ergänzend können Personalinformationen aufgeführt werden, wenn sie für den Arbeitsablauf sinnvoll erscheinen (Schichtpläne, Urlaubspläne, Trainings, neue Mitarbeiter, usw.). Zu beachten ist, dass die Leistungsauswei sung nicht auf einzelne Mitarbeiter heruntergebrochen wird. Einer Veröffentlichung solcher Zahlen auf einem Board wird ein Betriebsrat nicht zustimmen.

Die Arbeitsplätze unterliegen auch einem visuellen Management. Jedes Teil und Werkzeug soll einen klaren, definierten Standort haben, um unnötiges Suchen zu vermeiden. Ebenso sind alle Regale, Schränke, Kästen, usw. zu kennzeichnen. Kontrolliert wird das Einhalten des visuellen Managements am Arbeitsplatz durch entsprechende 5S-Audits. Die Ergebnisse dieser Audits werden ebenfalls als Aushang auf der Produktionstafel visualisiert.

Eine Produktionstafel zur Darstellung des visuellen Managements könnte so aussehen:

Bild 10: Layout einer Produktionstafel

KPI steht für Key-Performance-Indicator und sind die ausgewählten Leistungskennzahlen für den Produktionsprozess. Für die Größe der einzelnen Grafiken empfehle ich DIN A3-Format zu nutzen.

Es ist nicht entscheidend, so viel wie möglich Daten und Kennzahlen zu visualisieren, sondern vor allem die wesentlichen. Und ganz besonders wichtig: das Layout der Tafeln ist in allen Bereichen immer gleich. Und wenn jetzt jemandem der Kopf brummt und bevor er einen großen Bogen um das Thema Visualisierung macht...wie bei allen Lean-Themen wird zunächst klein angefangen und dann stetig verbessert. Es ist noch nie ein Meister vom Himmel gefallen und auch Produktionstafeln und deren Inhalt können nach und nach gesteigert werden.

One-Piece-Flow in einem Fertigungsbereich

Nachfolgend möchte ich an einem konkreten Beispiel den positiven Effekt der Lean-Methoden aufzeigen. Aus Geheimhaltungsgründen ist das Produkt bzw. der Herstellschritt nur angedeutet. Aber die Zahlen sind echt.

In dem vorzustellenden Fertigungsbereich werden Produkte manuell hergestellt. Dies erfolgt einerseits aufgrund der Vorgabe an ein medizinisches Produkt und andererseits war bis dato das Produktionsvolumen je Jahr zu gering. Neue Marktsituationen und neue Produkte führten zu einem sehr kurzfristigen Anstieg der Produktionsmengen. Neben ersten Kapazitätssteigerungen durch neue Trocknungsaggregate sollte mit Lean eine höhere Produktivität erzielt werden.

Für schnell umsetzbare Erfolge wurde nicht der ganze Herstellprozess untersucht, sondern zunächst ein erster Teilprozess.

In einer Batchfertigung wurde ein Einsatzstoff abgewogen, in einen Kunststoffkörper gefüllt, dieser mit einem Deckel versehen, ultraschall-verschweißt und abschließend jedes so vorbereitete Zwischenprodukt gewogen. Noch einmal zur Verdeutlichung: Der Batch umfasst eine Stückzahl von 110, so dass das Abwiegen des Einsatzstoffes 110-mal durchgeführt wurde, danach dieser in die Kunststoffkörper (KU-Körper) gefüllt – auch 110-mal hintereinander -, um dann 110-mal hintereinander den Deckel aufzusetzen und zu versschweißen. Abschließend wurde das so gefertigte Zwischenprodukt 110-mal hintereinander gewogen.
Für den Wiegevorgang des Einsatzstoffes und des gefertigten Zwischenproduktes wurde dieselbe Waage verwendet. Jeder Produktionsschritt wurde je Schritt 110mal durchgeführt bevor der nächste Schritt begonnen wurde. Das erforderte immer eine Zwischenlagerung nach jedem Teilschritt.

Batchfertigung

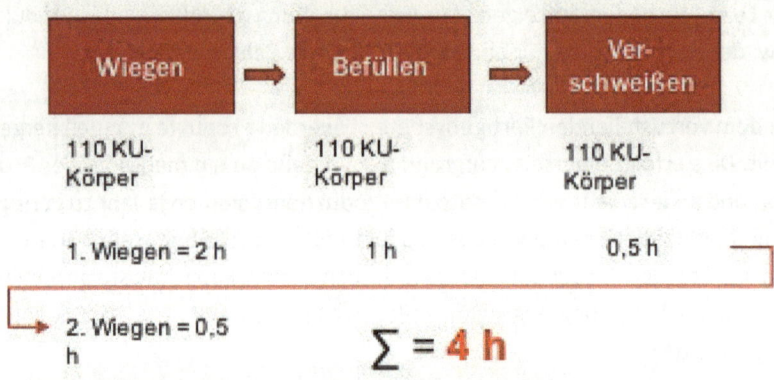

Bild 11: Batch-Fertigung vor Lean

Mit Hilfe des Ansatzes von Lean sollte die Batchfertigung auf Fließfertigung umgestellt werden. Dies war zunächst für die Mitarbeiter in diesem Produktionsbereich eine große geistige Umstellung. Um den Fluss tatsächlich umzusetzen, war die Anschaffung einer weiteren Waage notwendig.

Die einzelnen Teilschritte sollten hintereinander weg durchgeführt werden. Der Mitarbeiter wiegt den Einsatzstoff ab und füllt diesen in den ersten KU-Körper, versieht diesen mit einem Deckel, verschweißt diesen und wiegt das so gefertigte Zwischenprodukt erneut. Nun wiegt er erneut die erforderliche Menge an Einsatzstoff ab, füllt diesen in den zweiten KU-Körper, setzt einen Deckel auf, verschweißt diesen per Ultraschall und wiegt das Ergebnis. Diese Arbeitsschritte führt er solange durch bis der Arbeitsauftrag erledigt ist.

Dabei geht der Mitarbeiter von Waage 1 (Einwiegen Einsatzstoff) zur Befüllstation, weiter zur Station des Ultraschall-Verschweißens und dann zur Waage 2. Wie wir unschwer erkennen können, fallen die Zwischenlagerungen weg und der KU-Körper wird somit deutlich weniger angefasst.

Die Auswertung der neuen Fertigungszeiten bei der Fließfertigung ergab eine Zeiteinsparung von 1,5 Stunden je Batch gegenüber der bisherigen Batchfertigung.

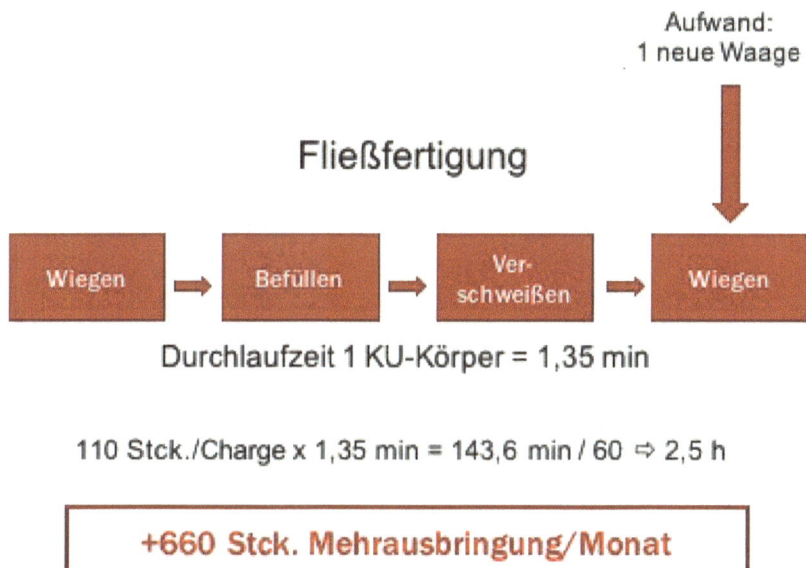

Bild 12: Fließfertigung nach Anwendung von Lean

Anders ausgedrückt konnte die Produktivität um 37% gesteigert werden. Die Analysen der nächsten Teilprozesse brachten ebenfalls noch weitere Steigerungen der Produktivität zutage, so dass in Summe die Produktivität um das Doppelte gesteigert werden konnte. Dies hatte zur Folge, dass ein Projekt zur Automatisierung von Herstellschritten in diesem Produktionsbereich zunächst zurückgestellt werden konnte und damit die Investitionskosten anderweitig im Unternehmen genutzt werden konnten.

Dieses Beispiel zeigt auf einfache und simple Weise mit welch geringem Aufwand mit Lean-Methoden ein hoher Nutzen erzielt werden kann. Auch die regulatorischen Anforderungen an einen solchen medizinischen Herstellprozess wurden immer noch erfüllt.

One-Piece-Flow in der Verpackung

Alle Produkte wurden zentral in dem Bereich Verpackung für die Kunden endverpackt. Der bisherige Ablauf in der Verpackung sah folgendermaßen aus:

1. Die Sekundär-Verpackung – unterschiedlichste Kartonagen – wurde für den Verpackungsauftrag bereitgestellt und aufgestellt. Aufstellen heißt hier, dass die zusammengefalteten Kartonagen durch mehrere Handgriffe in ihrer Form gebracht wurde.

2. Im nächsten Arbeitsschritt wurden die entsprechenden Mengen an Produkten in die aufgestellten Kartons eingelegt. Die zugehörigen Data-Sheets (Produktbeilagen) wurden eingelegt, der Karton geschlossen und mit einem transparenten Siegelpunkt verschlossen.

3. Im nachfolgenden Arbeitsschritt erfolgte die Etikettierung. An einem halbautomatischen Etikettiergerät wurden durch Einlegen der Kartons in eine bestimmte Position das Etikett erzeugt und anschließend auf die vorgesehene Position des Kartons mittels Stempel positioniert.

4. Die fertig etikettierten Kartons wurden nun in großen Umkartons gestapelt und diese dann auf Paletten gesetzt.

Zur besseren Veranschaulichung dient das nachfolgende Schaubild.

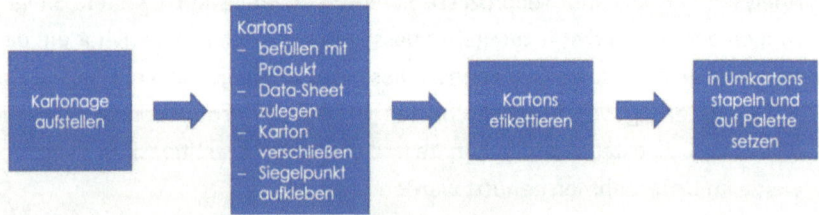

Bild 13: Arbeitsschritte Verpackung vor Lean-Einführung

Anhand des Schaubildes ist erkennbar, das mehrere Zwischenlagerungen der Kartons erfolgen. Zunächst nachdem sie aufgestellt waren und nach der Befüllung, bevor sie etikettiert wurden.

Die Aufgabe war nun, diesen Arbeitsablauf zu optimieren beziehungsweise die Verschwendung zu eliminieren. In der ersten Phase versuchten die Mitarbeiter den Ablauf unter Einbezug des halbautomatischen Etikettiergerätes zu optimieren. Schnell stellte sich heraus, dass die Etikettiermaschine das Bottleneck darstellte. In vielen Gesprächsrunden wurden Lösungsmöglichkeiten dafür überlegt. Erst als ich dem Team vorschlug, unabhängig von der Etikettiermaschine nach Lösungen zu suchen, wurden komplett neue Wege überlegt.

Da am Tag durchaus mehrere Verpackungsaufträge bearbeitet werden und somit unterschiedliche Produkte verpackt werden mussten, kristallisierte sich schnell der Aufbau eines einzelnen Verpackungstisches heraus. An diesem Verpackungstisch sollten nun alle Arbeitsabläufe umgesetzt werden. Es gab somit keinen Platz mehr für Zwischenlagerung, so dass ein Karton immer in einem Zug zu Ende gepackt werden muss. An dem Tisch sitzend, stellt ein Mitarbeiter nun also den Karton auf, etikettiert diesen, befüllt ihn, verschließt und gibt ihn dann weiter zur Palettierung. Um diese Schritte an dem Verpackungstisch auszuführen, sind die Hilfsmittel Etiketten-Drucker, Spender für transparente Siegelpunkte und eine Kontrollwaage erforderlich.

Der Verpackungstisch sah nun im ersten Entwurf folgendermaßen aus:

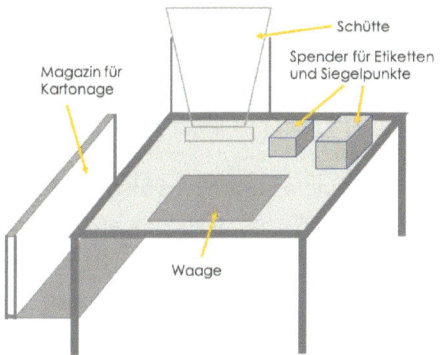

Bild 14: Schematische Darstellung der Verpackungsinsel

Es wurden mehrere Spezialfirmen zu diesem Thema angeschrieben, die entsprechende Angebote zu einem solchen Verpackungstisch machen sollten. In Summe sollten es vier neue Verpackungstische werden. Drei Verpackungstische sind auszulegen für Rechtshänder und ein Verpackungstisch für Linkshänder.

Nach Sichtung der Angebote und Auswahl der Firma konnte nach einigen Wochen ein erster Prototyp in der Verpackung von den Mitarbeitern getestet werden. Nach weiteren Optimierungen wurden die vier Verpackungstische in Auftrag gegeben.

In der Testphase das Prototyp stellte sich schnell heraus, dass der gesamte Materialfluss für die Verpackung überdacht werden musste. Die Tische müssen so platziert werden, dass durch einen Lageristen die Zufuhr der Rohstoffe (Kartonagen, Etikettenrollen, Siegelpunkt-Rollen, usw.) gewährleistet ist und gleichzeitig ein Abtransport der fertig verpackten Kartons erfolgen kann.

Die Investitionssumme je Verpackungstisch betrug inklusive der erforderlichen Hilfsmittel etliche tausend Euro. Der zeitliche Verpackungsaufwand konnte um nahezu 70 % je Artikel reduziert werden. Somit amortisierte sich die Gesamtinvestition schon innerhalb des ersten Jahres.

Oder anders formuliert, der Bedarf an Mitarbeiter in der Verpackung konnte aufs Jahr gerechnet theoretisch um nahezu zwei Mitarbeiter reduziert werden. In der Praxis wurden die freien Ressourcen für weitere Produktionssteigerungen und neue Produkte eingesetzt. Denn Lean soll nicht zu einem Personalabbau führen, sondern die neu geschaffenen Ressourcen sind sinnvoll für andere Aufgaben einzusetzen.

Zusammenfassend noch einmal die wesentlichen Veränderungen durch den Lean-Ansatz:

⇨ Batch-Verpackung mit Rüstzeiten an einem zentralen Etikettendrucker wurde umgestellt auf vier Verpackungsinseln (Tische). Jetzt können zeitgleich im Maximum vier unterschiedliche Aufträge bearbeitet werden. Damit wurden die folgenden Verschwendungen eliminiert bzw. drastisch reduziert:

- Zwischenlagerungen
- Laufwege für Nachschub von Einsatzstoffen
- Wartezeiten der Aufträge

⇨ Erhöhung der Produktivität: Der Zeitbedarf wurde somit um fast 70 % je Artikel gesenkt.

⇨ Der Materialfluss wurde neu angepasst, so dass kurze Wege für Versorgung und Entsorgung entstanden sind.

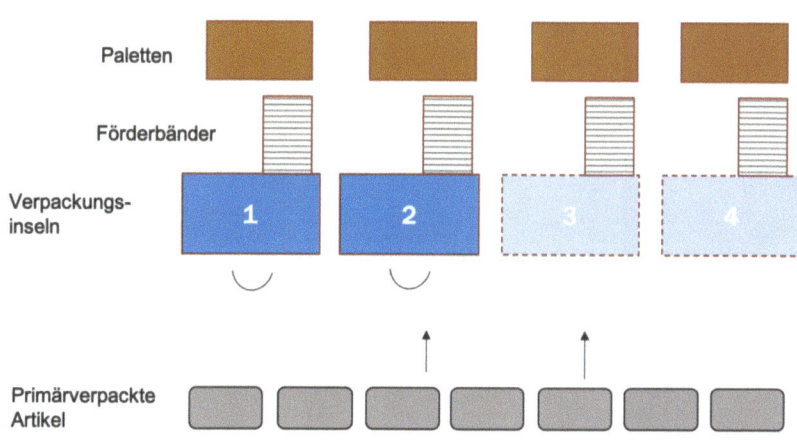

Bild 15: Neuer Materialfluss bei Verpackungsinseln

Neben den eliminierten Verschwendungen ist durch diese Lösung eine hohe Flexibilität in der Abarbeitung der Arbeitsaufträge gegeben. Auch wenn die Produktion mehr und mehr nach dem Pull-Prinzip ausgelegt wurde, das heißt es wurde erst neu produziert, wenn der Bestand eines Produktes ein Minimum unterschritten hat, konnte doch auch flexibel auf Bestellspitzen (Sonderaufträge der Kunden) reagiert werden.

Übrigens wurde mit den vier neuen Verpackungs-Inseln nicht mehr Platz benötigt. Durch Umsetzung der 5-S-Methode wurde der gesamte Bereich

„entrümpelt". Mit der so gewonnenen Fläche reichte der Platz zum Anordnen der vier Verpackungs-Inseln. Auch ein interessanter Aspekt, der in allen Bereichen – Produktion, Lager, Büro, usw. – zu neuen Freiflächen verhilft und somit zu neuen Gestaltungsmöglichkeiten.

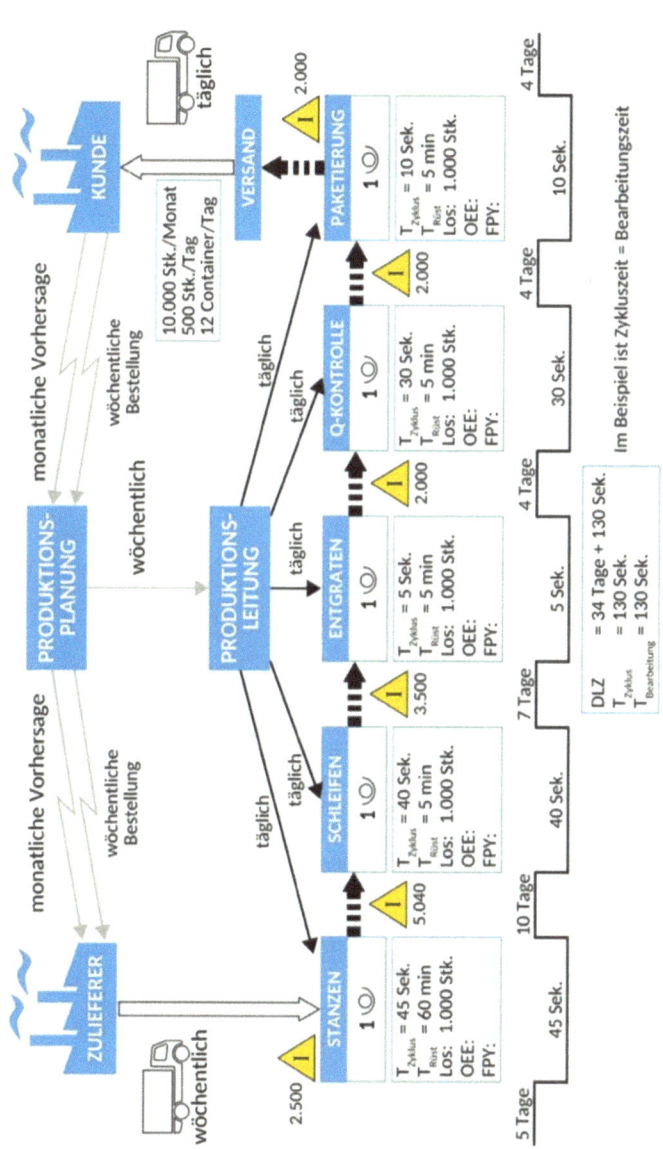

Bild 16: Beispiel einer Wertstromanalyse (alphAdi.de)

Kapitel 7

Schlussbemerkungen

Mit diesem Buch möchte ich die Vorteile von Lean-Methoden darstellen. Es soll als Anregung dienen, sich mit der Lean-Philosophie auseinanderzusetzen. Wer sich also mit dem Gedanken trägt die Lean-Methoden in seinem Verantwortungsbereich einzuführen, findet hier vielleicht moralische Unterstützung sein Vorhaben auch tatsächlich umzusetzen. Aber auch wer schon mittendrin in der Einführung ist und sich etwas verloren fühlt, kann mit diesem kleinen Ratgeber die eigentliche Zielsetzung für sich finden.

Der Grundsatz von Lean ist die Eliminierung von Verschwendungen. Das kennen viele bereits aus anderen Ansätzen, aber mich begeistert bei Lean, dass wir dabei aufgefordert werden einfache Lösungen und Wege zu finden. Die Prozesse werden nicht untersucht hinsichtlich der Möglichkeit weiterer Automatisierung zur Einsparung von Personal. Das ist der übliche Ansatz von Projekten und Aufgaben, die von der Unternehmensleitung gestellt werden. Wer aber seinen Laden im Griff hat, seine Produktivität optimiert hat, flexibel auf Marktschwankungen reagieren kann, seine Qualität durch Verbesserungen noch gesteigert hat, wird sich nicht mehr mit solchen Themen beschäftigen müssen. Entweder sind Produktionssteigerung kein Thema, da Ressourcen blitzschnell aufgebaut sind, oder können durch geringe Investitionen begleitet werden.

Den größten Nutzen sehe ich aber tatsächlich in der zwischenmenschlichen Beziehung zwischen Mitarbeitern und Vorgesetzten. Wer kennt das nicht, dass der Terminkalender so voll ist mit Terminen, dass der Vorgesetzte keine Zeit hat für seine Mitarbeiter. Ich habe mir selbst schon Aussage von meinen Mitarbeitern anhören müssen: „Wir sehen Sie gar nicht mehr in der Produktion" und „Die vielen kleinen Verbesserungen, die wir benennen, werden nicht umgesetzt".

Das war für mich der Zeitpunkt zum Umdenken und da hat mich die Lean-Philosophie sehr gut unterstützt. Mit ein wenig neuem Zeit-Management habe ich meinen Fokus wieder eindeutiger auf Präsenz vor Ort gelegt. Und was soll ich sagen, die wichtigen Besprechungstermine konnte ich weiterhin wahrnehmen. Lean führt auch zum Überdenken und neu sortieren des eigenen Arbeitsstils. Das sollten Führungskräfte regelmäßig machen – ihren eigenen Arbeitsstil reflektieren.

Ich habe keine neuen Kennzahlen für die verschiedenen Produktionsboards erarbeiten müssen. Die Grunddaten sind alle vorhanden gewesen. Ja, ich habe diese neu priorisiert und in einem Tabellenkalkulationsprogramm so aufbereitet, dass die Grafiken je Produktionsbereich sich nach Eingabe der Tageswerte (Ausbringung, Verluste, Personal, Arbeitsunfälle, usw.) automatisch erstellt haben. Dem einmaligen Aufwand zu Beginn steht ein immenser Nutzen in der Folgezeit gegenüber. Nicht nur sind die Leistungszahlen je Produktionsbereich verfolgbar, sie können auch untereinander verglichen werden. Positive Ausreißer in einem Bereich führen sofort dazu, die Maßnahmen auf andere Bereiche zu adaptieren.

Fast alle Unternehmen besitzen ein wie auch aufgestelltes ERP-System (Enterprise-Resource-Planning-System). Sind in diesem beispielweise zu jedem Auftrag Anfangsdatum/ -zeit, Enddatum/ -zeit, Ausschuss, Gutmenge, Bearbeitungszeit und Rüstzeit abgespeichert, so können daraus folgende Kennzahlen ermittelt werden: Durchlaufzeit, Ausschussanteil, Wertschöpfung, Produktionszeit, Flussanteil und Rüstanteil.

Diese im Ist rückgemeldeten Werte können dann dem Soll (Arbeitsplan) gegenüber gestellte werden. Somit ist ein erster und simpler Soll-Ist-Vergleich gegeben, der nun noch grafisch dargestellt werden muss, und somit zur Visualisierung auf dem Produktionsboard ausgehängt wird.

Mein Aufwand – und wir hatten kein Übertragungstool auf SAP zu Excel – betrug etwa eine Viertelstunde am Tag, um die wesentlichen Daten in mein Kennzahlensystem in Excel zu übertragen. Damit eingerechnet sind auch schon Ausdruck und Aufhänge der Kennzahlen an den Produktionsboards.

Wer Lean-Methoden einführen möchte, sollte dies nicht unter Zeitdruck machen. Lean bietet ein sehr großes Spektrum Verbesserungen in Prozesse umzusetzen. Es ist wichtig, sich mit den Methoden auseinanderzusetzen und zu akzeptieren, dass auch mal etwas korrigiert werden muss. Die Richtungsvorgabe müssen Sie als Verantwortlicher sicherlich geben, aber nutzen Sie die Ideen Ihrer Mitarbeiter. Und vor allem binden Sie Ihre Mitarbeiter rechtzeitig ein, indem Sie diese über Lean, die Methoden und jeden Ihrer geplanten Schritte früh genug informieren. Sie werden eine deutlich höhere Akzeptanz bei Ihren Mitarbeitern erreichen und schnelle Erfolge erzielen.

Quellen

Wikipedia – Die freie Enzyklopädie

Bildnachweise:

Einband: © Thomas Dittrich
Seite   6:   Lean „Kölner Dom", © Dittrich
Seite 11:   LEAN „Leicht, Effektiv, Agil, Nachhaltig", © Dittrich
Seite 29:   Bild 1 "Die 5 Methoden von Lean", © Dittrich
Seite 31:   Bild 2 „Die 5S-Methode", © Dittrich
Seite 32:   Bild 3 „Das Prinzip des One-Piece-Flow", © Dittrich
Seite 37:   Bild 4 „Visualisierung Produktionsboard", © Dittrich
Seite 41:   Bild 5 „Beispiel einer Shop-Floor-Kaskade", © Dittrich
Seite 49:   Bild 6 „Brief-Übung ohne Lean", © Dittrich
Seite 49:   Bild 7 „Brief-Übung nach Lean-Vorgabe", © Dittrich
Seite 53:   Bild 8 „Signalsäule", WERMA Signaltechnik GmbH
Seite 54:   Bild 9 „Visualisierung Produktionsboard mit Abweichungen
               in Rot", © Dittrich
Seite 55:   Bild 10 „Layout einer Produktionstafel", © Dittrich
Seite 58:   Bild 11 „Batch-Fertigung vor Lean", © Dittrich
Seite 59:   Bild 12 „Fließfertigung nach Anwendung von Lean",
               © Dittrich
Seite 60:   Bild 13 „Arbeitsschritte Verpackung vor Lean-Einführung",

© Dittrich

Buchempfehlungen

Lean Thinking – James P. Womack, Daniel T. Jones (Ballast abwerfen, Unternehmensgewinne steigern)

Hoshin Kanri – Daniela Kudarnatsch (Unternehmensweite Strategie-umsetzung mit Lean-management-Tools)

Ken Mogi – Ikigai (Die japanische Lebenskunst)

Zeitfracht Medien GmbH
Ferdinand-Jühlke-Straße 7
99095 Erfurt, Deutschland
produktsicherheit@kolibri360.de